EXPOSITION UNIVERSELLE DE 1900
Groupe I, classe 3 : Enseignement supérieur.

INSTITUT CATHOLIQUE

DE

TOULOUSE

TOULOUSE
IMPRIMERIE ET LIBRAIRIE ÉDOUARD PRIVAT,
45, RUE DES TOURNEURS, 45

1900

EXPOSITION UNIVERSELLE DE 1900
Groupe I, classe 3 : Enseignement supérieur.

INSTITUT CATHOLIQUE

DE

TOULOUSE

TOULOUSE
ÉDOUARD PRIVAT, LIBRAIRE-ÉDITEUR
45, RUE DES TOURNEURS, 45

1900

NOTICE HISTORIQUE[1]

L'Institut catholique de Toulouse doit sa fondation à l'initiative du cardinal Desprez, archevêque de Toulouse, qui, par deux lettres du 15 août et du 26 septembre 1875,

---

1. Les armoiries ci-dessus sont celles du pape Innocent VI, et se voient encore à Toulouse sur la porte de l'ancien collège de Saint-Martial, fondé par lui en 1359.

proposa à NN. SS. les Archevêques et Evêques des diocèses du midi de la France, — Albi, Auch, Montauban, Pamiers, Carcassonne, Cahors, Mende, Perpignan, Rodez, Aire, Bayonne, Tarbes, Agen, Périgueux et Tulle, — d'unir leurs efforts pour la création d'une université catholique, création décidée en une réunion plénière tenue à Toulouse le 8 décembre 1875.

L'éloquence du R. P. Caussette, délégué général des évêques, et la générosité des fidèles firent le reste : en dix-huit mois un capital de deux millions et demi fut recueilli, et le 15 décembre 1877 avait lieu l'ouverture de l'Institut catholique, installé dans les bâtiments de l'ancien monastère des Clarisses du Salin, dont les constructions remontent au milieu du dix-septième siècle.

L'enseignement du droit fut le premier organisé : droit romain, droit civil, droit criminel, droit administratif, droit canonique, droit commercial, droit des gens, procédure, économie politique, histoire du droit. Ces diverses chaires étaient groupées en une faculté libre de droit, qui fut maintenue jusqu'en 1886, où la dureté des temps conseilla à NN. SS. les Evêques de la suspendre. La chaire de droit canonique fut seule maintenue. Depuis lors, l'enseignement du droit canonique a été étendu ; nous possédons à l'heure actuelle une chaire de décrétales, une chaire d'histoire du droit ecclésiastique et une chaire de droit civil ecclésiastique, groupées en une faculté canonique de droit reconnue et instituée par le Saint-Siège, en 1899.

L'enseignement des lettres fut inauguré le 16 décembre 1878 : philosophie, histoire, littératures grecque, latine, française et étrangère. L'ensemble de ces chaires constituait une faculté libre de lettres, qui subsiste telle qu'au premier jour.

L'enseignement de la théologie fut inauguré le 25 novembre 1879. Il comprenait cinq chaires : théologie dogmatique, théologie morale, éloquence sacrée, écriture sainte et hébreu, philosophie scolastique. Il s'est maintenu et il s'est développé. La chaire d'éloquence a été transformée en chaire d'apologétique, puis d'introduction à la théologie. La chaire d'hébreu, en chaire de langues sémitiques. La chaire de théologie morale, en chaire de théologie positive. Ces divers enseignements, approuvés par le Saint-Siège en 1880 et 1881, ont été par lui institués en faculté canonique de théologie, en 1889.

L'enseignement de la philosophie scolastique, comme l'enseignement du droit canonique, a été étendu : nous avons, à l'heure actuelle, une chaire de philosophie scolastique, une chaire d'histoire de la philosophie, une chaire de philosophie des sciences, groupées en une faculté canonique de philosophie, reconnue et instituée par le Saint-Siège, en 1899.

Enfin l'enseignement des sciences fut inauguré en 1882. Il comprend les cours de mathématiques spéciales, algèbre, géométrie analytique, physique et chimie; des cours préparatoires aux divers certificats compris dans le programme des licences ès sciences mathématiques et ès sciences physiques.

Une société anonyme, établie par acte notarié du 31 juillet 1877, est propriétaire de tout l'actif qui a été constitué pour assurer l'existence de l'Institut. La générosité des catholiques du Midi, sollicitée en une quête annuelle, subvient aux frais de chaque exercice.

C'est un devoir de pieuse gratitude de rappeler les noms des prélats fondateurs de notre Institut : Mgr Desprez, archevêque de Toulouse; Mgr de Langalerie, archevêque d'Auch; Mgr Ramadié, archevêque d'Albi; Mgr Lacroix, évêque de Bayonne; Mgr Berteaud, évêque de Tulle; Mgr Bélaval, évêque de Pamiers; Mgr Dabert, évêque de Périgueux; M<sup>gr</sup> GRIMARDIAS, évêque de Cahors; M<sup>gr</sup> LEGAIN, évêque de Montauban; M<sup>gr</sup> BOURRET, évêque de Rodez; M<sup>gr</sup> DELANNOY, évêque d'Aire; M<sup>gr</sup> LEUILLEUX, évêque de Carcassonne; M<sup>gr</sup> FONTENEAU, évêque d'Agen; M<sup>gr</sup> JOURDAN, évêque de Tarbes; M<sup>gr</sup> COSTES, évêque de Mende; M<sup>gr</sup> CARAGUEL, évêque de Perpignan.

Nous y voulons joindre le souvenir de deux bienfaiteurs insignes de la première heure : M. Hippolyte LASVIGNES et M. le prince de BERGHES.

CONSEIL

LL. GG.

Mgr Balain, archevêque d'Auch.
Mgr Mignot, ✥, archevêque d'Albi.
Mgr Germain, ✥, archevêque de Toulouse.
Mgr Dabert, évêque de Périgueux.
Mgr Delannoy, évêque d'Aire.
Mgr Denéchaux, évêque de Tulle.
Mgr Billard, évêque de Carcassonne.
Mgr Rougerie, évêque de Pamiers.
Mgr Fiard, évêque de Montauban.
Mgr Cœuret-Varin, évêque d'Agen.
Mgr Baptifolier, évêque de Mende.
Mgr Jauffret, évêque de Bayonne.
Mgr Enard, évêque de Cahors.
Mgr de Carsalade, évêque de Perpignan.
Mgr Franqueville, évêque de Rodez.
Mgr Schœpfer, évêque de Tarbes.

M. Ricard, vicaire général de Rodez, secrétaire du Conseil.

PERSONNEL

CHANCELIER

S. G. Monseigneur GERMAIN, ✠, archevêque de Toulouse.

RECTEUR

Monseigneur Pierre BATIFFOL, ✿ A., prélat de la maison de Sa Sainteté, rue de la Fonderie, 31.

ADMINISTRATEURS

M. le comte V. d'Adhémar de Cransac, à Ravy (Haute-Garonne).

M. Albouy, curé-doyen de Saint-Sernin.

M. J. du Bourg, place Perchepinte, 4.

M. de Guilhebert des Essars, rue Espinasse, 5.

M. de Puymirol, à Sirac (Gers).

M. le comte F. de Rességuier, rue Fermat, 5.

M. de Scorbiac, à Lombez (Gers).

SECRÉTAIRE GÉNÉRAL

M. M. Thomas, chanoine honoraire de Rodez, rue de la Fonderie, 31.

SÉMINAIRE

M. Souques, prêtre de Saint-Sulpice, chanoine honoraire de Périgueux.

M. Franon, prêtre de Saint-Sulpice.

PROFESSEURS

MM. Arnaud, docteur ès lettres, mainteneur de l'Académie des Jeux Floraux, rue d'Alsace-Lorraine, 65.

Bareille, docteur en théologie, docteur en droit canonique, Jardin-Royal, 4.

Baylac, rue de la Fonderie, 31.

Besson, S. J., docteur en droit canonique, rue des Fleurs, 22.

Condamin, S. J., docteur en théologie, rue des Fleurs, 22.

Couture, mainteneur de l'Académie des Jeux Floraux, membre de la Société archéologique, président de la Société historique de Gascogne, docteur en théologie, rue de la Fonderie, 31.

MM. DEGERT, docteur ès lettres, rue de la Fonderie, 31.
DOMEC, rue des Récollets, 92.
GUILLERMIN, O. P., maître en théologie, prieur des Dominicains, rue Espinasse, 3.
MAISONNEUVE, docteur en théologie, mainteneur de l'Académie des Jeux Floraux, rue Saint-Remésy, 12.
MONTAGNE, O. P., docteur en théologie, rue Espinasse, 3.
PORTALIÉ, S. J., docteur en théologie, rue des Fleurs, 22.
SAINT-RAYMOND, docteur en droit, membre de la Société archéologique, rue Merlane, 5.
SALTET, rue de la Fonderie, 31.
SAMOUILLAN, docteur ès lettres, rue des Changes, 16.
SENDERENS, docteur en philosophie, docteur ès sciences, chanoine honoraire de Tarbes, rue de la Fonderie, 31.
DE SUPLICY, rue Pierre-Brunières, 1.
THOMAS, chanoine honoraire de Rodez, rue de la Fonderie, 31.

M. Valentin, mainteneur de l'Académie des Jeux Floraux, chanoine honoraire de Toulouse, rue de la Fonderie, 31.

HONORARIAT

S. E. Mgr le Cardinal Mathieu, en Cour de Rome, ancien chancelier de l'Institut (1896-1899).

S. G. Mgr Douais, évêque de Beauvais, ancien professeur d'histoire à la faculté de théologie (1880-1897).

ENSEIGNEMENT

THÉOLOGIE

La Faculté de théologie compte six chaires. Cet enseignement supérieur est réservé à des séminaristes d'élite choisis dans les seize grands séminaires de notre ressort. Aucun étudiant n'est admis à la Faculté qui n'ait obtenu au préalable, dans un grand séminaire ou devant le jury de la Faculté, le grade de bachelier en théologie. Les étudiants, durant leur séjour à Toulouse, vivent en commun, soit au séminaire ou *convict* de l'Institut, soit dans telle autre communauté ou collège de Toulouse. La durée des études supérieures théologiques est de deux années au moins, le baccalauréat non compris.

Introduction à la théologie. — M. Maisonneuve, professeur : deux leçons par semaine.

Ecriture sainte. — R. P. Condamin, chargé du cours : deux leçons par semaine.

Langues sémitiques. — R. P. Condamin, chargé du cours : hébreu, une leçon par semaine; syriaque et arabe, deux leçons (facultatives) par semaine.

Théologie scolastique. — T. R. P. Guillermin, professeur : trois leçons par semaine.

Théologie positive. — R. P. Portalié, professeur : trois leçons par semaine.

Histoire ecclésiastique. — M. Saltet, chargé du cours : une leçon et une conférence (facultative) par semaine.

Cercle de théologie. — Chaque samedi.

Le jury d'examen compte, outre les professeurs ordinaires ci-dessus, des docteurs en théologie agrégés à la Faculté, et constituant son collège doctoral. La Congrégation des Etudes a approuvé : le R. P. Pègues, O. P., à Toulouse; M. Berthelier, professeur au Grand Séminaire, à Rodez; M. Cassou, *id.*, à Bayonne; M. Lahitou, *id.*, à Aire; M. Nègre, *id.*, à Mende; M. Ricaud, *id.*, à Tarbes; M. Toreilles, *id.*, à Perpignan; M. Trémouilles, *id.*, à Toulouse.

Parmi les publications des maîtres ou anciens maîtres de la Faculté de théologie, nous signalerons :

Mgr Duilhé de Saint-Projet, *Apologie scientifique de la foi catholique*, 5ᵉ édit. (Toulouse, 1899). — H. Gairaud, *Thomisme et molinisme* (Toulouse, 1889-1890). — C. Douais, *Essai sur l'organisation des études dans l'ordre des Frères Prêcheurs au treizième et au quatorzième siècle* (Toulouse, 1884). — Id., *Une ancienne version latine de l'Ecclésiastique* (Toulouse, 1890). — R. P. Guillermin, *Saint Thomas et le prédéterminisme* (Paris, 1895). — J. Thomas, *Mélanges d'histoire et de littérature religieuse* (Paris, 1899). — P. Batiffol, *Histoire du bréviaire romain*, 2ᵉ édit. (Paris, 1894.) — L. Couture, *Commentaire d'un fragment de Pascal sur l'Eucharistie* (Paris, 1899). — H. Ramière, *Enchiridion theologicum* (Paris, 1885). — L. Saltet, *L'édit d'Antonin* (Paris, 1895).

Depuis sa fondation, la Faculté de théologie a reçu 192 bacheliers, 110 licenciés, 53 docteurs.

DROIT

La Faculté canonique de droit compte trois chaires. Les étudiants sont admis dans les mêmes conditions que ceux de la Faculté de théologie. De plus, les prêtres, qui sont dans les fonctions du saint ministère, peuvent demander dispense à Rome de l'assistance aux cours et se préparer aux examens de grade sous la direction de MM. les Professeurs. La durée des études supérieures de droit est de deux années, le baccalauréat non compris.

Décrétales. — R. P. Besson, S. J., professeur : quatre cours par semaine.

Droit civil ecclésiastique. — M. N... : quatre cours par semaine.

Histoire du droit. — M. Bareille, professeur : deux cours par semaine.

Cercle de droit. — Une fois par semaine.

Le collège doctoral, approuvé par la Congrégation des Études, compte, outre les professeurs ordinaires ci-dessus : le R. P. Padan, O. P., à Toulouse ; le R. P. Crouzet, S. J., à Toulouse ; M. Bernachon, professeur au Grand Séminaire de Rodez ; M. Déauze, *id.*, à Auch ; M. Duffo, *id.*, à Tarbes ; M. Grimal, *id.*, à Périgueux ; M. Hourcade, *id.*, à Bayonne ; le R. P. Mathieu, S. M., *id.*, à Agen ; M. Sarda, *id.*, à Cahors.

Parmi les publications des maîtres ou anciens maîtres de la Faculté de droit, nous signalerons :

H. Ramière, *Leçons de droit naturel* (Toulouse, 1879). — J. Besson, *Bulletin canonique* (1898, 1899, 1900 des *Études*).

Depuis sa fondation, la Faculté canonique de droit a reçu 100 bacheliers, 61 licenciés, 24 docteurs.

PHILOSOPHIE

La Faculté de philosophie compte trois chaires, auxquelles sont annexés les cours de l'Ecole supérieure des sciences. Les étudiants sont admis dans les mêmes conditions que ceux de la Faculté de droit. La durée des études supérieures de philosophie est de deux années, le baccalauréat non compris.

Philosophie scolastique. — T. R. P. Montagne, O. P. : quatre cours par semaine.
Histoire de la Philosophie. — M. Baylac, chargé du cours : trois cours par semaine.
Philosophie des sciences. — M. Senderens, professeur : un cours par semaine.
Cercle de philosophie. — Une fois par semaine.

Le collège doctoral, approuvé par la Congrégation des Etudes, compte, outre les professeurs ordinaires ci-dessus : M. Couture, à Toulouse; M. Franon, à Toulouse; le R. P. Georges, O. M., à Toulouse;

M. Fargues, professeur au Grand Séminaire d'Albi; M. Kellner, professeur au Grand Séminaire de Périgueux.

Parmi les publications des maîtres ou anciens maîtres de la Faculté de philosophie, nous signalerons :

R. P. Coconier, *L'Ame humaine* (Paris 1890). — R. P. Montagne, *La théorie du contrat social* (Paris, 1900. — Id., *La théorie de l'organisme social* (Paris, 1900). — Id., *La doctrine de l'être social* (Paris, 1900).

Depuis sa fondation, la Faculté canonique de philosophie a reçu 113 bacheliers, 22 licenciés, 3 docteurs.

LETTRES

La Faculté libre de lettres compte cinq chaires. Cet enseignement supérieur est destiné aux ecclésiastiques et aussi aux laïques qui se préparent à la licence ès lettres. Les ecclésiastiques sont admis sur la présentation de leur Ordinaire; ils doivent, durant leur séjour à Toulouse, vivre en commun, soit au Séminaire ou *convict* de l'Institut, soit dans telle autre communauté de Toulouse. Les laïques doivent être agréés individuellement par le Recteur; ils ont à payer un droit d'entrée fixe et annuel de 50 francs.

Littérature générale. — M. Couture, doyen : deux leçons par semaine.

Littérature française. — M. Arnaud, professeur : deux leçons par semaine, et correction de la dissertation française chaque quinzaine.

Littérature latine. — M. Degert, professeur : deux leçons par semaine, et correction de la dissertation latine chaque quinzaine.

Littérature grecque. — M. Valentin, professeur : deux leçons par semaine, et correction du thème grec chaque semaine.

Cours complémentaires. — M. Samouillan, auteurs français : une fois par semaine. — M. de Suplicy, langues vivantes : deux fois par semaine. — M. Saint-Raymond, archéologie : une fois par semaine.

Parmi les publications des maîtres et des anciens maîtres de la Faculté des lettres, nous signalerons :

M. Lézat, *Bourdaloue théologien et orateur* (Paris, 1874). — M. Arnaud, *Les théories dramatiques au dix-septième siècle* (Paris, 1888). — M. Morlais, *Études morales sur les grands écrivains latins* (Paris, 1889). — M. Ginazane, *Ammien Marcellin* (Toulouse, 1889). — M. Samouillan, *Olivier Maillard* (Paris, 1891). — M. Degert, *Le Cardinal d'Ossat* (Paris, 1894). — M. Valentin, *Saint Prosper d'Aquitaine* (Toulouse, 1900). — M. Saint-Raymond, *Peintres toulousains du seizième et du dix-septième siècle* (Toulouse, 1892).

Depuis sa fondation, la Faculté libre des lettres a fait recevoir 114 licenciés, 6 docteurs.

SCIENCES

L'Ecole supérieure des sciences prépare aux certificats d'analyse, de mécanique rationnelle et de mécanique appliquée, de physique, de chimie. Cet enseignement supérieur est destiné aux ecclésiastiques et aussi aux laïques.

Les ecclésiastiques sont admis dans les mêmes conditions que ceux qui se consacrent aux lettres. Les laïques pareillement.

Mathématiques spéciales. — Algèbre : M. Domec, professeur : trois fois par semaine. — *Géométrie analytique :* M. Thomas : trois fois par semaine.

Calcul différentiel et intégral. — M. Thomas, professeur : une fois par semaine.

Mécanique. — M. Domec, professeur : une fois par semaine.

Physique générale. — M. N. : deux fois par semaine.

Chimie générale. — M. Senderens : trois fois par semaine.

Travaux pratiques. — M. Senderens : une fois par semaine.

A la préparation des certificats de physique sont affectés :

1º Un cabinet de physique ;
2º Une salle de manipulations.

Pour les certificats de chimie, nous avons :

1º Un cabinet de chimie ;
2º Une salle de collection de produits chimiques ;
3º Une salle de manipulations.

Depuis sa fondation, l'École supérieure des sciences a fait recevoir 36 licenciés, 1 docteur, 1 agrégé.

GRADES CANONIQUES [1]

1. En vertu de la concession de la Congrégation des Études en date du 2 juin 1897, les Grands Séminaires des seize diocèses du ressort de l'Institut catholique de Toulouse sont autorisés à faire subir à leurs élèves les examens d'auditorat (baccalauréat) en philosophie scolastique, en théologie et en droit canonique.

2. Cette concession ne supprime pas le droit antérieurement concédé à l'Institut catholique de Toulouse de faire subir lui-

---

1. Voir *Facultates sacrae* (Toulouse, 1900). — *Programma examinis ad gradum auditoris in philosophia scolastica* (Toulouse, 1899). — *Programmata.. in sacra theologia et in iure canonico* (Toulouse, 1899). — En vente à Toulouse, librairie PRIVAT.

même ces examens, soit aux élèves des Grands Séminaires, soit surtout aux prêtres qui ont quitté le Séminaire. Ces examens sont passés à l'Institut catholique de Toulouse aux mêmes dates que les examens de lectorat et de maîtrise.

3. Peuvent seuls être admis à subir l'examen d'auditorat en philosophie scolastique les élèves qui ont suivi intégralement le cours de philosophie professé dans le Grand Séminaire.

4. Cet examen a pour matière toute la matière du cours de philosophie professé au Séminaire, en conformité avec le programme publié par l'Institut catholique de Toulouse. Les Séminaires qui font étudier simultanément la théologie générale et la philosophie peuvent comprendre la théologie générale dans le programme de l'auditorat en philosophie. L'examen comprend une épreuve écrite et une épreuve orale. L'épreuve consiste en une dissertation latine sur un sujet emprunté plus ou moins littéralement au programme. Pour la composer, les candidats ne peuvent se servir ni de livres, ni de notes. L'épreuve orale dure au moins une demi-heure et consiste en interrogations en latin sur les matières de l'examen. — Il sera loisigle au Séminaire de considérer l'ensemble

des examens de scolarité comme équivalant à l'examen de grade, en prenant pour note de l'examen de grade la moyenne de tous les examens de scolarité. Chaque examen de scolarité devra comprendre une épreuve écrite et une épreuve orale, comme il est dit ci-dessus ; mais l'un desdits examens de scolarité devra être en forme plus solennelle, et les notes affectées à cet examen devront compter double.

5. Peuvent seuls être admis à subir l'examen d'auditorat en théologie les élèves qui ont suivi les cours professés dans le Grand Séminaire après la philosophie et jusqu'à la fin des études.

6. Cet examen a pour matière la matière des cours d'Ecriture sainte, de théologie dogmatique, de théologie morale et d'histoire ecclésiastique, professés au Séminaire, en conformité avec le programme publié par l'Institut catholique de Toulouse. L'examen comprend une épreuve écrite et une épreuve orale. L'épreuve écrite consiste en une dissertation latine sur un sujet théologique emprunté plus ou moins littéralement au programme; pour la composer, les candidats ne pourront avoir ni livres, ni notes à leur disposition, sinon une Bible sans commentaires et les décrets des Conciles de Trente et

du Vatican. L'épreuve orale consiste en interrogations en latin sur les matières de l'examen. — Il sera loisible au Séminaire de considérer l'ensemble des examens de scolarité comme équivalant à l'examen de grade, en prenant pour note de l'examen de grade la moyenne de tous les examens de scolarité. Chaque examen de scolarité devra comprendre une épreuve écrite et une épreuve orale, comme il est dit ci-dessus. Mais l'un desdits examens de scolarité devra être en forme plus solennelle, et les notes affectées à cet examen devront compter double. Les élèves qui seraient par qui de droit dispensés d'une année de scolarité devront être examinés par le Séminaire sur les matières qu'ils auraient étudiées en cette année de scolarité, et qu'ils devront étudier en leur particulier sous la direction privée de leurs professeurs.

7. L'hébreu ni le grec ne sont exigés, non plus que l'allemand ni l'anglais ; toutefois, les candidats qui seront en mesure d'expliquer l'Ancien Testament sur l'hébreu, le Nouveau sur le grec et un commentaire anglais ou allemand, verront leur moyenne totale majorée d'un point pour l'hébreu et respectivement d'un quart de point, soit pour le grec, soit pour l'anglais, soit pour l'allemand.

8. Les élèves des Grands Séminaires sont

admis à subir l'examen d'auditorat en droit canonique lorsque les matières du programme ont été l'objet de l'enseignement.

9. L'examen d'auditorat en droit canonique comprend une épreuve écrite et une épreuve orale. L'épreuve écrite consiste en une dissertation latine sur un sujet de droit canonique emprunté plus ou moins littéralement au programme. Pour la composer, les candidats ne peuvent se servir ni de livres, ni de notes. L'épreuve orale dure au moins une demi-heure et consiste en interrogations en latin sur les matières du programme.

10. Aux épreuves soit écrites, soit orales, sauf pour ce qui regarde l'Ecriture sainte et l'histoire ecclésiastique, l'usage du latin est obligatoire.

11. Les épreuves orales sont subies devant un jury composé de trois membres au moins. MM. les Supérieurs de Grands Séminaires pourront recourir aux professeurs de la Faculté de théologie pour composer leur jury. Pour les examens oraux, il est loisible de conserver ou d'adopter le système des numéros ou thèses à tirer au sort, ou de procéder par des interrogations librement dirigées par l'examinateur.

12. Les notes, tant de l'examen écrit que de l'examen oral, sont données d'après une

échelle numérique qui va de 0 à 10, y compris les fractions. Pour être admis, le candidat doit avoir obtenu la moyenne 7 ($=$ *bien*). La moyenne 8 sera signalée par la mention *praeclare;* la moyenne 9, par la mention *praeclarissime.*

13. Le Supérieur du Séminaire transmet à l'Institut catholique de Toulouse la liste des candidats qui ont satisfait aux conditions de l'examen soit de philosophie, soit de théologie, soit de droit canonique, en indiquant les nom, prénoms, ordre, diocèse de chaque candidat admis et les notes de toutes ses épreuves.

14. Les diplômes sont expédiés par l'Institut catholique, sous le sceau de S. G. Mgr le Chancelier à ce délégué par le Saint-Siège. Ils sont contresignés par le Supérieur du Séminaire où l'examen a été subi. Il est dû pour chaque diplôme un droit fixe de 5 francs.

15. Pour se conformer aux instructions de la Congrégation des Études, les Supérieurs des Grands Séminaires devront faire connaître à l'Institut catholique les manuels d'après lesquels l'enseignement est donné dans leurs établissements pour l'Ecriture sainte, la théologie dogmatique et morale, le droit canonique et la philosophie scolastique. Ils vou-

dront bien donner avis des changements qu'ils feraient plus tard dans le choix de ces manuels.

16. Sont seuls admis à se présenter aux examens de lectorat (licence) en philosophie scolastique, en théologie ou en droit canonique, les élèves qui, auditeurs (bacheliers) en philosophie scolastique, en théologie ou en droit canonique respectivement, ont suivi une année entière les cours de l'Institut catholique. Seront admis aux cours les auditeurs (bacheliers) de toute autre faculté canoniquement instituée.

17. La Congrégation des Études interdit aux étudiants de s'inscrire aux cours de deux facultés simultanément une même année à l'effet d'obtenir les grades.

18. L'examen de lectorat (licence) en philosophie scolastique comprend une épreuve écrite et une épreuve orale. L'épreuve écrite consiste en deux dissertations : dans l'une, les candidats ont à traiter un sujet de philosophie scolastique emprunté aux matières du cours professé dans l'année ; dans l'autre, un sujet d'histoire de la philosophie emprunté de même aux matières du cours professé dans l'année. Pour l'épreuve écrite, les candidats ne peuvent avoir ni livres ni notes à leur disposition. L'épreuve orale consiste en in-

terrogations sur les matières des cours suivis par le candidat dans l'année.

19. Sont seuls admis à se présenter à l'examen de maîtrise (doctorat) en philosophie scolastique les lecteurs en philosophie scolastique qui ont suivi une année entière les cours de l'Institut catholique. Seront admis aux cours les lecteurs (licenciés) de toute autre faculté canoniquement instituée.

20. L'examen de maîtrise comprend une épreuve orale dans laquelle le candidat expose et défend des thèses choisies dans les matières des cours qu'il a suivis et dans tout l'ensemble de la philosophie ; il interprète un des livres d'Aristote ou réfute quelque adversaire moderne de la philosophie péripatéticienne. En outre, le candidat présente une thèse écrite d'un développement convenable ; il en aura fait approuver le sujet au début de l'année par le Recteur.

21. L'examen de lectorat (licence) en théologie comprend une épreuve écrite et une épreuve orale. L'épreuve écrite consiste en une dissertation sur un sujet de théologie emprunté aux matières des cours professés dans l'année. Pour la composer, les candidats ne peuvent avoir ni livres, ni notes à leur disposition, sinon une Bible sans commentaires et les décrets des Conciles de

Trente et du Vatican. L'épreuve orale consiste en interrogations sur les matières des cours suivis par le candidat dans l'année. La note *praeclare* ne sera accordée qu'aux candats qui seront en mesure de consulter un ouvrage écrit soit en allemand, soit en anglais. — En outre, chaque candidat devra faire une leçon en français sur un sujet proposé par l'un des professeurs quinze jours à l'avance, sans qu'il soit nécessaire que chaque candidat traite le même sujet. La leçon durera une demi-heure et sera censée faite à un auditoire de laïques instruits.

22. Sont seuls admis à se présenter à l'examen de maîtrise (doctorat) en théologie, les lecteurs (licenciés) en théologie qui ont suivi une année entière les cours de l'Institut catholique. Seront admis aux cours les lecteurs (licenciés) de toute autre faculté canoniquement instituée.

23. L'examen de maîtrise (doctorat) comprend une épreuve orale consistant en interrogations sur les matières des cours suivis par le candidat dans l'année. — En outre, le candidat présente une thèse écrite, d'un développement convenable; il en aura fait approuver le sujet au début de l'année par le Recteur.

24. L'examen de lectorat (licence) en droit

canonique comprend une épreuve écrite et une épreuve orale. L'épreuve écrite consiste en deux dissertations. Dans l'une, les candidats ont à interpréter, en latin, un chapitre du *Corpus iuris* choisi par le professeur parmi ceux qui ont fait la matière du cours ; pour la composer, les candidats ne peuvent avoir à leur disposition que le *Corpus iuris*. Dans l'autre dissertation, les candidats ont à traiter en français une question de droit civil ecclésiastique empruntée aux matières du cours professé dans l'année. L'épreuve orale consiste en interrogations sur les matières des cours professés dans l'année.

25. Sont seuls admis à se présenter à l'examen de maîtrise (doctorat) en droit canonique, les lecteurs (licenciés) en droit canonique qui ont suivi une année entière les cours de l'Institut catholique. Seront admis aux cours les lecteurs de toute autre faculté canoniquement instituée.

26. L'examen de maîtrise comprend un examen oral consistant en interrogations sur les matières des cours professés dans l'année. En outre, le candidat présente une thèse écrite, d'un développement convenable ; il en aura fait approuver le sujet au début de l'année par le Recteur.

27. Il y a chaque année pour l'obtention

du lectorat (licence) et de la maîtrise (doctorat) deux sessions d'examens, qui sont ouvertes, l'une l'avant-veille du premier dimanche de l'Avent, l'autre l'avant-veille du dernier dimanche de juin. Les candidats doivent se faire inscrire au secrétariat de l'Institut catholique dans les trente jours qui précèdent la session.

23. Les diplômes de lectorat (licence) et de maîtrise (doctorat) sont délivrés par l'Institut catholique de Toulouse, sous le sceau de S. G. Mgr le Chancelier à ce délégué par le Saint-Siège. Ils sont contresignés par le Recteur. Il est dû pour le diplôme de lectorat un droit fixe de dix francs, et pour le diplôme de maîtrise un droit fixe de vingt francs.

Voici l'énumération des thèses soutenues en 1899 et 1900 :

M. MANO, *Le problème apologétique* (Paris, 1899).

M. ALÇUALT, *La doctrine de l'Eucharistie chez saint Augustin* (inedit).

M. HOURCADE, *La personnalité en Dieu et dans la créature* (id.).

M. LALAGUE, *Examen critique des trois premières preuves de l'existence de Dieu dans saint Thomas* (id.).

M. LUGA, *Les rapports de l'Église et de l'État* (id.).

M. BERNIS, *L'embryogénie des idées* (id.).

M. BARBIER, *Le pouvoir de l'Église sur la forme des sacrements* (id.).

BOURSES D'ÉTUDES, COMMUNAUTÉ

L'Institut dispose en faveur des ecclésiastiques de nos seize diocèses d'un certain nombre de bourses d'études. Les étudiants titulaires de ces bourses sont logés et nourris gratuitement à l'Institut.

Les étudiants, pour bénéficier des bourses disponibles, doivent être présentés par leur Ordinaire au Recteur, à qui incombe de déterminer les disponibilités. Chaque bourse est accordée pour une année. Elle n'est renouvelable une seconde, ou même une troisième année, que sur l'avis conforme du conseil de la Faculté à laquelle l'étudiant appartient.

Des bourses extraordinaires peuvent être attribuées à des étudiants en vue de poursuivre leurs études au delà des programmes de l'Institut (agrégation, recherches scientifiques, etc.).

Le séminaire ou *convict* de l'Institut est confié à la direction spirituelle de deux prêtres de la Compagnie de Saint-Sulpice. Il n'a de place que pour soixante pensionnaires. Pour les étudiants qui ne sont point boursiers, le prix de la pension est de 5oo francs pour l'année universitaire.

Les jeunes prêtres qui ne trouveraient pas de place au *convict* de l'Institut, peuvent demander l'hospitalité de la communauté des Lazaristes, voisine de l'Institut.

Une *Association fraternelle* réunit les anciens élèves ecclésiastiques de l'Institut.

SERVICE DIVIN

La chapelle de l'Institut, placée sous le vocable de saint Thomas d'Aquin, est l'ancienne chapelle du couvent des Clarisses du Salin. Elle date de 1355 environ.

L'Institut y célèbre la messe du Saint-Esprit, les services funèbres et toutes les fonctions auxquelles il est convoqué par le Recteur.

En dehors des cérémonies ci-dessus mentionnées, la chapelle est affectée aux exercices particuliers de la communauté.

La fête patronale de l'Institut se célèbre le 7 mars, fête de saint Thomas, en l'insigne basilique de Saint-Sernin.

ARCHIVES, BIBLIOTHÈQUE

La bibliothèque de l'Institut, riche d'importantes séries concernant l'Ecriture sainte, l'histoire ecclésiastique, le droit et les lettres, compte un ensemble d'environ 18,000 volumes. Catalogue sur fiches.

Le cabinet des revues reçoit environ quatre-vingts périodiques.

La bibliothèque est ouverte à MM. les professeurs et étudiants tous les jours, sauf le jeudi et le dimanche, de neuf à onze heures du matin.

L'Institut possède, par suite de dons particuliers, un dépôt d'archives, dont plusieurs pièces trouvent un emploi fort utile dans les cours de paléographie. Il comprend :

1º Une quinzaine de volumes in-folio, papier, consistant en procédures judiciaires, cahiers de notaires et, surtout, livres terriers ;

2º Des actes détachés, papier ou parchemin : baux, fiefs, reconnaissances, etc.

Le tout daté du quinzième au dix-huitième siècle et concernant principalement la ville de Valence-d'Agen, l'abbaye de Saint-Maurin, les lieux de Goudourville, Saint-Julien, Lalande, etc., en Agenais.

LABORATOIRES

Les laboratoires, organisés par M. J.-B. SENDERENS, et placés sous sa direction, comprennent :

1º Un laboratoire de recherches;

2º Un laboratoire de chimie industrielle pour les étudiants déjà pourvus du certificat de chimie générale.

Nous donnons ci-joint le relevé des principales recherches exécutées par M. SENDERENS :

Académie des sciences.

Action du soufre sur diverses solutions métalliques (en commun avec M. E. FILHOL, professeur de chimie à la Faculté des sciences de Toulouse), séance du 18 juillet 1881.

Note relative à une nouvelle série de phosphates et d'arséniates (en commun avec M. E. Filhol), séance du 22 août 1881.

Sur quelques phosphates neutres au tournesol (en commun avec M. E. Filhol), séance du 6 mars 1882.

Sur quelques arséniates neutres au tournesol (en commun avec M. E. Filhol), séance du 14 août 1882.

Action du soufre sur les oxydes (en commun avec M. E. Filhol), séance du 26 mars 1883.

Action du soufre sur les phosphates alcalins (en commun avec M. E. Filhol), séance du 9 avril 1882.

Sur un procédé rapide de chauffage des vins, séance du 24 décembre 1883.

Action de quelques métalloïdes sur les azotates d'argent et de cuivre en dissolution, séance du 17 janvier 1887.

Action de quelques métaux sur le nitrate d'argent en dissolution étendue, séance du 21 février 1887.

Action du soufre sur l'ammoniaque et sur quelques bases métalliques en présence de l'eau, séance du 3 janvier 1887.

Diverses communications, faites en commun avec M. P. Sabatier (1892 à 1900).

Société chimique de Paris.

Sur un nouveau bisulfite de potasse hydraté. 8 novembre 1887.

Action du soufre en présence de l'eau sur les sels formés par les acides polybasiques, 24 juin 1892.

Sur un cas singulier de précipitation métallique, 20 mai et 23 novembre 1894.

Sur un orthoazotate plombique, 23 novembre 1894.

Nouvelles recherches sur les précipitations métalliques, 10 janvier 1896, 22 janvier 1897.

Action de l'hydrogène sur les solutions de nitrate d'argent et purification de l'hydrogène, 10 juillet 1896.
Action du fer sur les azotates métalliques en dissolution. Allotropie et passivité du fer, 8 mai 1896.
Sur un nouveau mode de combinaisons metalliques. Alliages du cadmium avec l'argent et le cuivre, 13 novembre 1896.
Précipitation du chlorure cuivrique par l'aluminium. Reponse à M. Tommasi, 14 mai 1897.
Sur un nouvel acide antimonique et ses antimoniates, 20 janvier 1899.

En même temps, notre laboratoire est ouvert aux recherches de chimie appliquée à l'agriculture. Nous donnons ci-joint le relevé des principaux travaux de M. SENDERENS en ce genre :

Chauffage des vins par un nouveau procédé. (Toulouse, 1886.)
Quels sont les vrais insecticides contre le phylloxera. (Toulouse, 1890.)
Traitement du mildiou, rapport présenté au Congrès international agricole de Toulouse en 1887. (*Comptes rendus du Congrès.*)
Le plâtrage et le déplâtrage des vins. (*Journ. d'agriculture pratique*, 1893.)
Des origines du soufrage dans la grande culture. (*Journal d'agriculture pratique*, 1894.)
Maladies cryptogamiques de la vigne. (*Bulletin de l'Institut catholique*, t. VI, p. 54.)
Du choix des cépages dans la reconstitution des vignobles. (*Journal d'agriculture pratique*, 1894.)

Sur la valeur comparée des préparations cupriques dans le traitement de la vigne. (Comptes rendus du Congrès de Bordeaux, 1896.)

Nouveaux procédés de vinification. (Journal d'agriculture pratique, 1894.)

Études sur le black-rot. (Journal d'agriculture pratique.)

Le traitement du black-rot en 1897. — Conférence faite au Congrès national ampélographique et publiée dans la *Revue de viticulture.*

Du rôle des ferments dans la vinification. — Congrès agricole de Toulouse, 1898. (Journal d'agriculture pratique.)

Vinification et conservation des vins. (Bull. Inst. cath., t. IX, p. 145.)

Expériences sur le traitement du black-rot en 1899 dans la Haute-Garonne et le bas Armagnac. (Progrès agricole et viticole).

Étude sur les vins des nouveaux producteurs directs, 1900 (*Progrès agricole*).

SÉMINAIRE HISTORIQUE

A l'imitation de ce qui se pratique à Louvain, une conférence d'introduction à l'étude documentaire et critique de l'histoire ecclésiastique doit à M. Douais, aujourd'hui évêque de Beauvais, son existence à Toulouse. Cette conférence ou séminaire historique, pour parler comme à Louvain, comprend une série d'exercices pratiques de paléographie latine ; nous devons à Mgr Douais une belle collection de fac-similés de textes du style de ceux qui se rencontrent dans les archives méridionales. Cette conférence comprend ensuite une série d'études critiques sur les sources de l'histoire ecclésiastique.

M. SALTET, successeur de Mgr Douais dans la chaire d'histoire ecclésiastique depuis 1898-1899, est chargé de la direction du séminaire historique, qui a publié au cours de ces deux années les deux mémoires suivants :

L. SALTET, *La passion de sainte Foy et de saint Caprais* (Bull. de l'Inst., 1899). — Id., *La Dissertatio Maximini contra Ambrosium* (id., 1900).

Au séminaire historique proprement dit s'ajoute une conférence d'ancienne littérature chrétienne dont notre Recteur, a bien voulu prendre la direction. Elle a publié au cours de ces deux années les quatre mémoires suivants :

P. BATIFFOL, *Une source nouvelle de l'Altercatio Simonis Iudaei et Theophili christiani.* (Rev. biblique, 1899.) — Id., *De quelques homelies de saint Jean Chrysostome.* (Ibid.). — Id., *Une découverte liturgique, les fragments de saint Serapion de Thmuis.* (Bull. de l'Inst., 1899.). — Id., *Le soi-disant Testament de N.-S. J.-C.* (Ibid., 1900.)

Parmi les principales publications antérieures du séminaire historique nous signalerons les suivantes de Mgr DOUAIS :

Practica Inquisitionis haereticae pravitatis, auctore Bernardo Guidonis. 1886.
Cartulaire de l'abbaye de Saint-Sernin de Toulouse (824-1200). 1887.
Documents pontificaux sur l'évéché de Couserans (1425-1619). 1888.
Un nouveau manuscrit de Bernard Gui et des chroniques des papes d'Avignon. 1889.

Les manuscrits du château de Merville. 1890.

Une importante correspondance du seizième siècle, le baron de Fourquevaux : Ecosse, Italie, Espagne, Languedoc (1548-1594). 1891.

Etat du diocèse de Saint-Papoul en 1573. 1891.

La coutume de Montoussin (août 1270). 1891.

Les Etablissements d'instruction publique dans le Midi de la France avant la Révolution. 1891.

Mémoires ou rapports inédits sur l'état du clergé, de la noblesse, de la justice et du peuple dans les diocèses de Narbonne, de Montpellier et de Castres, en 1573. 1891.

La coutume de Merville (1306-1339). 1891.

Travaux pratiques d'une conférence de paléographie à l'Institut catholique de Toulouse. 1892.

Un nouvel écrit de Bernard Gui, le synodal de Lodève. 1894.

Acta capitulorum provincialium ordinis fratrum Praedicatorum (1239-1302).

Lettres de Charles IX à M. de Fourquevaux, ambassadeur en Espagne (1565-1572). 1897.

Charles VII et le Languedoc, d'après un registre de la Viguerie de Toulouse (1436-1448). 1897.

Documents pour servir a l'histoire de l'Inquisition dans le Languedoc au treizième et au quatorzième siècle. 1900 (Société de l'Histoire de France.)

LANGUES SÉMITIQUES

L'enseignement des langues sémitiques est organisé de manière à mettre à côté d'un solide cours d'hébreu des cours spéciaux et facultatifs où nos étudiants puissent s'initier aux éléments des autres langues sémitiques. Le petit nombre des vocations philologiques a jusqu'ici restreint au syriaque et à l'arabe l'extension de cet enseignement.

Le R. P. CONDAMIN, S. J., est chargé de l'enseignement. Au cours de ces deux années, la conférence de langues sémitiques a publié les travaux suivants :

A. CONDAMIN, *La structure de quelques psaumes.* (Bull. Inst., 1899.) — Id., *La forme chorale du chap. III d'Habacuc.* (Rev. biblique, 1899.) — Id., *Études sur l'Ecclésiaste.* (Ibid., 1899 et 1900.) — Id., *L'Ecclésiaste, traduction sur l'hébreu.* (Toulouse, 1899, autocopie.) — Id., *Les [petits] prophètes, traduction sur l'hébreu.* (Toulouse, 1900, autocopie.)

BULLETIN DE L'INSTITUT

L'Institut publie depuis 1880 un *Bulletin* mensuel qui renferme, avec son histoire quotidienne, des travaux de ses professeurs et de ses amis.

La première série commence en 1880 et s'achève en 1889. La deuxième série commence en 1890 pour se terminer en 1898.

La troisième série a commencé en 1899 avec le titre de *Bulletin de littérature ecclésiastique publié par l'Institut catholique de Toulouse*. Ses abonnés appartiennent pour la majorité au clergé de nos seize diocèses, mais ils lui viennent aussi d'ailleurs : de Paris et de la France du nord, de Belgique, d'Italie, d'Angleterre, d'Ecosse, d'Allemagne, d'Autriche, de Pologne, de Turquie et des Etats-Unis d'Amérique. Il est notre premier instrument d'extension et de communication avec les universités de France et de l'étranger.

CONFÉRENCES, COURS PUBLICS

De l'Avent à Pâques, des cours sont organisés pour le public. Cette présente année 1899-1900, ces cours étaient au nombre de cinq par semaine :

Histoire. — M. Saint-Raymond : *L'Eglise depuis 1830.* (Lundi.)
Sciences. — M. Senderens : *Principes de biologie.* (Mardi.)
Théologie. — M. Couture : *Les théologiens espagnols du seizième siecle.* (Mercredi.)
Théologie. — R. P. Portalié : *Le protestantisme contemporain.* (Vendredi.)
Archéologie. — M. Saint-Raymond : *L'architecture ogivale dans le Midi.* (Samedi.)

De l'Avent à Pâques, le jeudi à cinq heures, soit MM. les Professeurs de l'Institut, soit de nos amis du dehors, sont invités à donner des conférences sur des sujets variés.

Pour cette présente année, voici la liste des conférences et des conférenciers :

M. ARNAUD : *Louis Veuillot.*
M. VALENTIN : *Le testament politique de Richelieu.*
M. HONORÉ : *Les solutions pratiques des questions sociales.*
R. P. SUAU : *L'avenir de l'Inde anglaise.*
M. MAISONNEUVE : *Chateaubriand apologiste.*
M. DOUMIC : *Le cosmopolitisme littéraire.*
M. BIROT : *La sincérité intellectuelle.*
M. DE MALAFOSSE : *Le Tarn et ses rives.*
T. R. P. GUILLERMIN : *La pauvreté religieuse.*
M. le vicomte BÉGOUEN : *La Tunisie d'aujourd'hui et de demain.*
M. NOGUES : *La moralité de la guerre du Transvaal.*
M. HALLAYS : *L'art et les mœurs.*

Des conférences semblables sont données par l'Institut dans des villes de notre ressort. Cette présente année 1899-1900, six conférences ont été faites ainsi par six de nos professeurs à Albi, salle Sainte-Marie.

Enfin, au cours du premier semestre, on invite un savant étranger à l'Institut à donner une série de cours ou *lectures* sur un sujet de haute science ecclésiastique. En 1899, M. MÉRITAN, d'Avignon, a donné six leçons sur *Le messianisme après les prophètes*. En 1900, M. AURIOL, de Toulouse, a donné quatre leçons sur *L'introduction de la Réforme protestante à Toulouse.*

De l'Avent à Pâques, des leçons dites « conférences blanches » sont organisées pour l'enseignement supérieur des jeunes filles. Ces conférences sont données au couvent des Sœurs de l'Espérance, 39, rue Nazareth, à dix heures du matin, les lundi, mercredi et vendredi de chaque semaine. Voici le tableau des conférences de l'année 1899-1900 :

R. P. MONTAGNE : *Psychologie appliquée à l'éducation.* (Huit leçons.)

M. MAISONNEUVE : *Eléments de théodicée.* (Huit leçons.)

R. P. BESSON : *Questions choisies de droit et de morale.* (Sept leçons.)

M. SALTET : *Histoire des persécutions.* (Sept leçons.)

M. VALENTIN . *L'éloquence sacrée au dix-septieme siècle.* (Huit leçons.)

M. MATHIEU : *Histoire de l'art chrétien, la musique.* (Huit leçons.)

OFFICE RÉGIONAL

DES MAISONS ECCLÉSIASTIQUES D'ENSEIGNEMENT SECONDAIRE DU SUD-OUEST.

L'office régional est placé sous l'autorité et le contrôle de NN. SS. les Archevêques et Évêques. Son siège est à l'Institut catholique de Toulouse.

L'assemblée générale est composée des supérieurs des maisons adhérentes. S'ils sont empêchés, ils peuvent se faire représenter par un délégué qu'ils ont soin d'accréditer, à chaque session, auprès du président.

NN. SS. les Archevêques et Évêques, ainsi que Mgr le Recteur de l'Institut catholique de Toulouse et les supérieurs majeurs des maisons intéressées, assistent de plein droit à l'assemblée générale et peuvent s'y faire représenter.

L'assemblée générale tient sa session ordinaire chaque année le jeudi avant la Pentecôte. Elle s'occupe des questions d'enseignement et d'éducation, sans donner à ses résolutions un caractère obligatoire qui pourrait porter atteinte au gouvernement intérieur et aux traditions des maisons.

L'assemblée générale confie à son bureau la préparation de l'ordre du jour et l'exécution de ses vœux.

Le bureau est composé d'un président, de deux vice-présidents, de quatre conseillers et d'un secrétaire. Il est élu au scrutin secret à la majorité absolue par l'assemblée générale pour trois ans. Le président y a voix prépondérante.

En dehors des assemblées générales, le bureau constitue une commission permanente chargée de veiller à tous les intérêts de l'enseignement libre, de favoriser le développement des études, la formation des professeurs, l'émulation des élèves, la solidarité des maisons entre elles, selon les vœux de l'assemblée générale.

Les procès-verbaux et communiqués de l'office régional sont expédiés au supérieur de chaque maison et au secrétariat des évêchés.

ŒUVRES D'ÉTUDES ET D'ÉTUDIANTS

SOCIÉTÉ HISTORIQUE DE GASCOGNE.

La Société historique de Gascogne s'est constituée à Auch en 1869. Elle a succédé au Comité d'histoire et d'archéologie de la province ecclésiastique d'Auch, créé par ordonnance synodale de Mgr de Salinis du 11 octobre 1859, et qui eut pour organe, dès le commencement de 1860, un Bulletin qui prit quatre ans après le titre de *Revue de Gascogne*.

La Société a pour président, depuis 1885, M. Léonce Couture, professeur à l'Institut catholique de Toulouse.

Elle émet deux publications périodiques :

1º La *Revue de Gascogne*, recueil mensuel qui est entré en janvier 1900 dans sa quarante et unième année;

2° Les *Archives historiques de la Gascogne* qui sont à leur treizième année et dont les fascicules trimestriels, indépendants les uns des autres, sont surveillés par un comité de publication, présidé jusqu'à ce jour par M. de Carsalade du Pont, aujourd'hui évêque de Perpignan.

Voici la liste des titres des fascicules publiés :

Documents sur la Fronde en Gascogne, par J. de Carsalade. — *Documents relatifs à la chute de la Maison d'Armagnac-Fezensaguet,* etc., par Paul Durrieu. — *Voyage à Jérusalem du seigneur de Montaut,* par Ph. Tamizey de Larroque. — *Les Huguenots en Bigorre,* par C. Durier et J. de Carsalade. — *Chartes de coutumes de la Gascogne toulousaine,* par Ed. Cabié. — *Les Huguenots dans le Béarn,* par A. Communay. — *Les Frères Prêcheurs en Gascogne aux treizième et quatorzième siècles,* par l'abbé Douais. — *Archives de la ville de Lectoure du treizième au quatorzième siècle,* par Paul Druilhet. — *Lettres inédites de Henri IV à M. de Pailhès,* par Ch. de La Hitte. — *Lettres inédites de la reine Marguerite de Valois,* par Ph. Lauzun. — *Comptes consulaires de Riscle,* par P. Parfouru et J. de Carsalade du Pont. — *Sommaire description du comté de Bigorre par l'avocat Mauran,* par G. Balencie. — *Sceaux gascons du Moyen-âge,* par P. La Plagne-Barris, 3 fascicules. — *Ambassade en Turquie de Jean de Gontaut-Biron,* par le comte Théodore de Gontaut-Biron, 2 fascicules. — *Le livre des syndics des États de Béarn,* par Léon Cadier. — *Les livres de comptes des frères Bonis, marchands montalbanais du quatorzième siècle*, par Ed. FORFSTIÉ, 3 fascicules. — *Lettres d'un cadet de Gascogne sous Louis XIV*, par François ABBADIE. — *Audijas, la gabelle en Gascogne*, par A. COMMUNAY, 2 fascicules. — *Mémoires du marquis de Franclieu*, par M. DE GERNON. — *Documents pontificaux sur la Gascogne*, par l'abbé GUÉRARD. — *Les cartulaires du chapitre d'Auch*, par C. LACAVE LA PLAGNE-BARRIS.

LE PRÊT-REVUE ECCLÉSIASTIQUE

Les gros volumes ont vécu et les petits sont bien malades. Aujourd'hui, si l'on veut être au courant des idées et des faits d'une façon sérieuse et documentée, il faut lire les revues. Le journal est trop superficiel et ne suffit pas. Malheureusement le clergé, surtout le clergé des campagnes, n'est pas riche. A cause de l'indifférence des paroissiens, ce n'est pas, hélas! le temps qui lui manque, mais l'argent. L'œuvre du *Prêt-Revue ecclésiastique*, qui fonctionne depuis quinze ans, sous la direction de M. l'abbé PARMENTIER, à Perpignan, a réalisé le problème de faire circuler à peu de frais dans les presbytères toutes les revues qui conviennent à un ecclésiastique : la *Revue du clergé français*, l'*Ami du clergé*, la *Quinzaine*, les *Etudes religieuses*, le *Correspondant*, la *Revue bibli-*

que, la *Réforme sociale,* la *Revue critique,* la *Revue historique,* la *Revue thomiste,* la *Revue d'histoire et de littérature religieuse,* le *Canoniste contemporain,* etc., etc... Le catalogue de 1900 en compte cinquante et une.

Chaque revue passe successivement entre les mains de douze lecteurs qui, suivant un ordre ingénieusement déterminé d'avance, se renvoient par la poste les numéros parcourus après les avoir gardés cinq ou six jours. Moyennant une somme de 6 francs, 10 francs, 15 francs, suivant l'importance et le nombre des revues qu'on a choisies, le même abonné peut recevoir quatre ou cinq publications périodiques. Les frais de timbres pour la réexpédition des numéros sont naturellement à la charge des abonnés.

Le règlement de l'Œuvre est sévère et, chose assez nouvelle, on l'observe, grâce aux petits moyens coercitifs que n'a pas hésité à prendre son fondateur. Des points de repère indiquent à chaque abonné le jour où il doit recevoir telle ou telle revue, et la direction met à leur disposition des cartes postales imprimées et timbrées pour réclamer en cas de retard. Aussi les abonnés qui n'ont point d'ordre ou qui sont trop débonnaires ne restent pas longtemps sur les listes du *Prêt-Revue ecclésiastique.*

Mais les autres, par contre, n'en sont que plus fidèles et plus dévoués à cette œuvre qui leur rend de si précieux services. C'est dire que le *Prêt-Revue* s'adresse aux studieux ou à ceux qui veulent le devenir.

L'Institut catholique a vivement à cœur de propager le *Prêt-Revue* de Perpignan. — Pour les abonnements, s'adresser à M. l'abbé PARMENTIER, maître de chapelle à la cathédrale de Perpignan.

CONFÉRENCE SAINT-LOUIS
Rue Boulbonne, 13, Toulouse.

La Conférence Saint-Louis est une réunion libre d'étudiants chrétiens appartenant à toutes les écoles supérieures de la ville de Toulouse. Elle a pour but de faciliter à la jeunesse de notre ville l'accomplissement de ses devoirs religieux; de procurer, surtout aux étudiants que l'éloignement de leur famille jette dans l'isolement, des camarades partageant leur manière de voir et avec lesquels ils puissent oublier, pendant quelques heures de récréation charmante, l'absence des leurs.

La Conférence concourt au développement intellectuel de ses membres par des travaux littéraires, philosophiques, historiques, composés par eux et lus en séance publique le mercredi de chaque semaine. Les conclusions sont soumises à la discussion la plus libre et la plus courtoise, les débats résumés par le Président ou le Directeur. Une bibliothèque, des revues périodiques, des journaux quotidiens sont mis à la disposition des étudiants, dans les appartements du Directeur, depuis dix heures du matin jusqu'à dix heures du soir.

Le développement moral des jeunes gens est encouragé par les œuvres auxquelles chacun peut s'associer à son gré. L'une des plus actives est celle de l'instruction chrétienne des enfants abandonnés. L'ignorance absolue de ces pauvres êtres qui, sur le sol de France, naissent, grandissent, sans connaître une formule de prière ou même l'existence d'un Dieu ; la vue de leur misère matérielle et, parfois aussi, des dons charmants cachés dans ces poitrines d'enfants couverts de haillons a souvent ému les jeunes catéchistes au point de leur faire sacrifier leur temps, leur peine, pour les relever et les instruire.

Une conférence de saint Vincent de Paul, des réunions d'études sociales et économiques complètent cet ensemble.

Pour subvenir aux frais des œuvres ou des réunions des membres, bibliothèque, etc., il n'y a pas de cotisations fixes : chacun consulte, à cet égard, ses ressources et surtout sa générosité. Les offrandes, remises au Directeur, ne sont pas connues des autres membres. Elles lui sont envoyées, 22, rue des Fleurs, Toulouse.

Les demandes d'admission sont adressées au R. P. Directeur, le P. d'Adhémar, ou au Président.

BUT DE L'INSTITUT [1]

Cette année qui s'ouvre nous amènera au vingt-cinquième anniversaire de la proclamation de la liberté de l'enseignement supérieur (12 juillet 1875). A vingt-cinq ans de date, cette liberté existe encore, mais combien le régime qui lui est fait aujourd'hui est différent de celui que le législateur de 1875 lui avait octroyé, Messieurs, vous le savez aussi bien que moi. Du moins, cette liberté ayant été conquise par nous et pratiquée par nous les premiers, il nous appartenait, à nous catholiques, de n'abdiquer pas les franchises qu'on nous laissait, si étroites fussent-

[1]. Le discours qu'on va lire a été prononcé par Mgr le Recteur à la séance solennelle de rentrée de l'Institut catholique de Toulouse le 23 novembre 1899.

elles, mais de nous en servir au mieux de nos intérêts, de nos ressources et des éléments à nous propres d'originalité, de supériorité et d'utilité publique.

Ce sera l'inappréciable service que notre Institut devra au cardinal Bourret de l'avoir, avec sa connaissance des choses de l'enseignement et une sorte de politique réaliste très déterminée, poussé dans la voie où il s'est transformé en une grande école libre des sciences ecclésiastiques.

Le cardinal Bourret avait admirablement saisi le mouvement qui entraînait l'enseignement supérieur vers une transformation toute professionnelle. En réalité, Messieurs, si vous vous rappelez ce qu'étaient nos Facultés il y a vingt-cinq ans et la forme de l'enseignement qui s'y donnait, tout particulièrement dans les Facultés de lettres, si vous considérez ce que sont restés des établissements comme le Collège de France qui vaquent en pleine liberté à leur tâche scientifique, vous constaterez que nos Facultés d'Etat sont devenues des écoles préparatoires. Et c'est bien ainsi que l'entendait naguère un des professeurs qui compte à bon droit parmi les plus autorisés de la Sorbonne — M. Ch.-V. Langlois — quand il disait qu'une Faculté de lettres est « une école normale professionnelle pour les aspirants aux chaires de l'enseignement secondaire[1]. »

Parallèlement, ce que les Facultés officielles devenaient pour les jeunes gens qui se préparent à l'enseignement, l'initiative privée entreprenait de le procurer aux jeunes gens qui se préparent au commerce. On commence à se douter en France que la marchandise ne se débite ni ne s'exporte d'elle-même, mais que le commerçant s'ajoute à la marchandise, et que le bon commerçant n'est pas seulement un homme de savoir-faire. Les affaires supposent une connaissance professionnelle de la géographie économique, de la législation, des langues étrangères. Si les Allemands, les Suisses et les Américains la possèdent à fond, c'est sans doute qu'ils l'ont apprise, et s'ils nous battent sur tant de marchés, c'est peut-être que nous ne la savons pas. De là, Messieurs, à Paris, à Bordeaux, à Marseille, à Lyon, à Lille, à Rouen, au Havre, à Nancy, la création par les Chambres de commerce d'écoles supérieures de commerce ou de hautes études commerciales.

1. *Revue internationale de l'enseignement*, 15 novembre 1897 : discours d'ouverture des conférences à la Faculté des lettres de Paris.

Messieurs, ceux d'entre vous qui ont connu le cardinal Bourret nous ont appris de combien longue date cette évolution de l'enseignement supérieur en France l'avait préoccupé. Et c'est lui, lui qui pourtant avait été de la vieille Sorbonne, la Sorbonne de Saint-Marc-Girardin et du P. Gratry, c'est lui qui fut parmi vous l'initiateur d'une transformation dans la pratique d'abord, finalement dans la conception même de l'enseignement supérieur catholique, grâce à laquelle, ayant ambitionné jadis de fonder une université catholique, vous vous trouvez avoir réalisé autre chose.

Ce que vous avez réalisé, Messieurs, c'est, à l'imitation des Facultés officielles de lettres ou de sciences, une école normale professionnelle pour les aspirants aux chaires de l'enseignement secondaire. Si l'Etat a le souci de former les maîtres de ses lycées, nos diocèses ont le souci de former ceux de leurs petits séminaires. Ne vous étonnez donc pas que nos diocèses du Midi nous envoient en si grand nombre de jeunes prêtres à préparer aux épreuves de la licence ès lettres ou de la licence ès sciences. Nos diocèses ont à donner à leurs petits séminaires et à leurs écoles secondaires la plus-value des grades des maîtres qui y doivent enseigner.

Quand on réclamait, voici vingt-cinq ans, la liberté de l'enseignement supérieur, on y voyait le complément logique de la liberté de l'enseignement secondaire que nous avait donné la Constitution de 1848 : on se doutait moins qu'un jour notre enseignement supérieur serait la source où nos établissements secondaires ecclésiastiques viendraient alimenter leur vie et puiser une croissance nouvelle.

Ce que vous avez réalisé encore, c'est. à l'imitation de ce que les Chambres de commerce ont fait pour les commerçants, un enseignement où vos prêtres viendront se préparer, par une haute éducation intellectuelle, à soutenir la concurrence que sur tous les marchés de ce monde, — revues, livres, conférences, journaux et jusque dans les moins pédants entretiens, — font aux idées religieuses et catholiques les idées agnostiques ou protestantes. Vous n'imaginerez pas, j'espère, que nos évêques exigent aujourd'hui de leurs jeunes prêtres moins de vertu sacerdotale; mais qui, parmi vous, Messieurs, ne se réjouirait de voir que ces mêmes évêques, s'inspirant des sentiments qui dictaient à Léon XIII sa récente encyclique au clergé de France, poussent leurs jeunes prêtres vers les fortes études, et confient à votre Institut catholique l'honneur d'en être le foyer?

Et donc, Messieurs, d'autres Facultés catholiques poursuivront ailleurs de plus vastes desseins. Les juristes et les médecins qu'elles formeront ne seront jamais trop nombreux parmi nous. Mais, pour nous, plus modestes, nous croirons avoir répondu à un vœu essentiel des catholiques, de tous les amis connus et inconnus dont la générosité nous a établis et jusqu'ici soutenus, en formant pour leur service des prêtres qui puissent aller de pair avec les hommes du monde les plus cultivés.

Ainsi conçu et pratiqué, notre enseignement supérieur ecclésiastique courrait le risque de faire double emploi avec l'enseignement des grands séminaires, qui, lui aussi, est un enseignement professionnel et lui aussi un enseignement au-dessus de l'enseignement secondaire.

C'est une difficulté, en effet, mais elle n'existe que pour notre enseignement théologique, et là même nous y avons paré.

La difficulté principale, en effet, qui a fait si fragile la vie de nos défuntes Facultés officielles de théologie, à commencer par celle de Toulouse, était que leurs rapports avec les grands séminaires n'avaient jamais été réglés. Et ne croyez pas que pareille difficulté ait été propre à la France. En Allemagne, elle a provoqué une crise dont certaines manifestations récentes — comme l'échec du projet de création d'une Faculté de théologie catholique à l'Université de Strasbourg, et comme certains éclats d'une brochure retentissante d'un professeur de la Faculté de théologie catholique de Wurzbourg — permettent de juger combien elle est aiguë. Il faut entendre nos collègues des Universités allemandes, adjurant les évêques d'envoyer leurs séminaristes aux Universités, et, pour l'obtenir, dénonçant ce qu'ils appellent, en style germanique, « l'insuffisance et la médiocrité de la systématique séminaristique », dénonçant l'isolement rigoureux où s'enferme l'enseignement des séminaires. On veut, disent-ils, que la science catholique soit sans infériorité ; mais n'est-ce pas l'infériorité, et rien d'autre, que l'on prépare, que l'on veut, que l'on impose, en interdisant l'accès des Facultés de théologie? « Qui cherche l'isolement est condamné à l'infériorité : aucune distinction ne peut vous tirer de là [1]. »

Il ne paraît pas que le fougueux docteur

1. H. SCHELL, *Der Katholicismus als Princip des Fortschritts* (cinquième édition, 1897), p. 22.

Schell soit près de persuader les évêques d'Allemagne. C'est qu'aussi le tort de nos collègues des Universités allemandes est de ne pas se résigner à ce que l'enseignement des grands séminaires, qui est encyclopédique, soit par la force des choses élémentaire, et constitue ce que Léon XIII appelle « une première initiation », rien de plus. Leur tort plus grave est de ne pas reconnaître que cet enseignement encyclopédique et élémentaire est le seul qui soit indispensable, le seul aussi qui soit adapté à la mesure moyenne des vocations. Si les successeurs de saint Boniface marquent peu de zèle à conférer aux facultés de théologie le monopole de la formation des ecclésiastiques, on doit croire qu'ils s'inspirent en cela de la conscience de leur charge d'âmes.

Et pourtant, Messieurs, le péril est grand et véritable que court le savoir ecclésiastique à s'isoler de la culture générale contemporaine. Il serait plus grand encore à maintenir ce savoir à un niveau élémentaire, lorsque de toutes parts l'enseignement s'élève et que toute science se perfectionne dans ses méthodes et s'enrichit de progrès nouveaux.

Plus heureuses que les facultés théologiques d'Allemagne, nos jeunes facultés théologiques de France, du moins à Paris, à Lyon et à Toulouse, ont accepté un enseignement théologique à deux degrés : le premier, encyclopédique, est la part des grands séminaires et répond au programme du baccalauréat romain ; le second, approfondi et supérieur, est la part réservée à nos facultés canoniques et répond au programme de la licence et du doctorat romain.

Cette distinction si simple est la solution que S. Ém. le cardinal Mathieu a présentée et fait accepter à nos diocèses du Midi. Grâce à elle, les grands séminaires des seize diocèses du ressort de notre Institut sont devenus comme une extension de notre Faculté de théologie ; ceux de leurs professeurs qui étaient pourvus de grades canoniques ont été appelés par nous dans nos collèges doctoraux et dans nos jurys de doctorat ; leurs deux mille étudiants, sans rien ajouter aux conditions traditionnelles de scolarité, ont été admis à se présenter dans les grands séminaires mêmes aux épreuves d'un grade que nous conférons. Puis, parmi ces gradés, sont choisis les sujets les plus distingués, destinés par leurs évêques à devenir nos élèves.

Mais, en faisant cette part aux grands

séminaires, nous réservions la nôtre; et, en appelant à nous les sujets les plus distingués des grands séminaires, et ceux-ci seulement, une fois leurs études élémentaires achevées, et pas plus tôt, nous nous donnions le droit de les introduire dans des études non plus encyclopédiques, mais intensives.

Ainsi, Messieurs, nos étudiants en théologie trouvent ici des maîtres qui ont, avant tout, le souci d'approfondir les questions qu'ils abordent. Il n'est pas de domaine, — exégèse, théologie spéciale, philosophie, sciences comparées, histoire ecclésiastique, — où l'on ne s'applique à restreindre l'objet du cours pour le mieux investir et le mieux pénétrer, comptant d'ailleurs sur la diversité des objets et sur la diversité des méthodes pour éveiller et assouplir l'esprit. Un enseignement qui ne serait pas organisé pour « donner pâture suffisante à l'esprit scientifique[1] » ne saurait prétendre à être supérieur, et cette « pâture scientifique » n'existe que dans l'étude des solutions anciennes à vérifier et à développer ou des problèmes nouveaux à résoudre.

Je vous félicite, Messieurs les professeurs, d'avoir maintenu si fermement cette concep-

---

1. L'expression est de M. Louis HAVET.

tion toute française du haut enseignement théologique, et d'en avoir depuis vingt ans accrédité le principe par la sévérité et l'autorité de vos travaux.

Toutefois, Messieurs, notre enseignement, en se faisant professionnel comme celui des Facultés officielles, manquerait à un devoir plus relevé s'il se désintéressait des recherches de science pure. Je m'honorerai toujours d'avoir travaillé plusieurs années à Paris dans notre grande École des Hautes-Études de la Sorbonne, d'y avoir été l'auditeur de maîtres excellents, d'avoir appris auprès d'eux ce qu'est une étude qui ne mène à aucun grade, mais qui vous introduit dans le laboratoire même d'un savant, vous initie à sa méthode, à le voir travailler sous vos yeux, et vous fait aimer la science en la cherchant de compagnie.

Je rêverais pour notre Institut d'être un semblable laboratoire, si cette année même, la première qu'il nous ait été donner de passer ensemble, votre activité ne nous avait inspiré le sentiment qu'un pareil rêve est plus qu'à moitié une réalité.

M. le chanoine Senderens poursuivait ses expériences sur la synthèse des hydrocarbures, en collaboration avec M. Sabatier, le distingué professeur de chimie de l'Université de Toulouse, expériences auxquelles l'Académie des sciences a applaudi, et que nous aimons à saluer au passage comme l'indice des relations que l'esprit scientifique sait établir à Toulouse entre son Université et son Institut.

Le R. P. Condamin prenait en main l'enseignement de l'hébreu et du syriaque et préparait la création du cours d'arabe que nous inaugurerons dans quelques semaines. En ce moment, Messieurs, où les orientalistes de France se préoccupent de susciter des vocations philologiques pour ces études où la France tint longtemps le premier rang, et où il ne sera pas trop de tous nos efforts pour le reconquérir sur les Allemands et sur les Américains, le jeune et savant religieux ménageait à Toulouse l'honneur d'une initiative qu'aucune Université officielle de province n'a pu encore réaliser.

M. Saltet abordait avec ses étudiants la critique des sources hagiographiques de notre histoire méridionale, et, pour premier fruit de ses recherches, nous donnait ce mémoire sur la passion de sainte Foy et de saint Caprais qui est un essai pénétrant et lumineux de critique constructive.

M. Couture, à ma prière, voulait bien ajouter à sa tâche littéraire ce cours d'histoire de la théologie depuis le Concile de Trente, dont vous avez su apprécier ce qu'il y apportait d'information, d'ouverture et de sagesse. Messieurs, vous aurez noté que ce cours d'histoire de la théologie était une initiative qu'aucune autre Faculté catholique de France ou d'ailleurs n'avait prise avant nous. Vous avez ignoré, sans doute, que M. Couture, avant de l'entreprendre, avait senti le besoin de donner des gages à la théologie, craignant d'y faire figure d'étranger. C'est ce qui nous a valu ce *Commentaire d'un fragment de Pascal sur l'Eucharistie*, dont j'imagine qu'il aura été une révélation pour les gens de lettres qui, en dépit des avertissements de M. Brunetière, croient pouvoir entendre les *Pensées* sans être des théologiens hors de page.

Ouvrons, Messieurs, ouvrons ce laboratoire que doit être notre Institut à des recherches plus nombreuses encore. Si des vocations scientifiques surgissent et s'affirment auprès de nous, dans le clergé de nos diocèses, il faut qu'elles sachent que notre Institut existe pour les encourager; qu'au besoin nos évêques nous béniront d'exercer envers elles le devoir d'asile. La science, enviant à la charité ses beaux vocables, veut ici pratiquer l'hospitalité du travail.

Si, convaincus que la science profane se suffit à elle-même, nous nous renfermons de préférence dans la science religieuse, ce ne sera jamais « pour y maudire ou bien pour y combattre le progrès, mais pour le réaliser mieux dans la sphère qui nous est spécialement dévolue[1]. » La théologie, nous aimons à le dire, et, plus exactement, à le redire après les théologiens les plus sûrs, n'est pas une synthèse « fermée à toute évolution à venir des sciences théologiques et du dogme lui-même. »

Il nous appartient de le développer dans le sens des études de psychologie, d'histoire, d'exégèse, de liturgie comparées.

Il nous appartient de montrer que ces études, dont plusieurs sont d'avènement récent et que nos adversaires se plaisent à présenter comme les causes de ce qu'ils appellent la crise de la théologie, sont des contributions que nous recherchons pour le progrès de cette théologie même.

Il nous appartient, en rappelant que nous sommes investis de cette fonction par la con-

---

1. Mgr DARBOY, Œuvres pastorales, t. I, p. 271, discours prononcé dans l'église de la Sorbonne pour l'ouverture des cours de la Faculté de théologie, 7 décembre 1863.

fiance des évêques et par l'institution même du Saint-Siège, d'être dans un pays comme le nôtre les guides et les éclaireurs des esprits qui pensent et qui cherchent, et, sans nous substituer aux juges de la foi, d'être ses conseillers les plus autorisés.

Et il nous appartient, dans cette émulation passionnée qui entraîne l'élite des esprits à la conquête du pouvoir spirituel que donne le savoir et la pensée, de montrer que les catholiques de France entendent bien ne pas s'exiler dans une réserve qui serait une abdication.

J'ai foi, Messieurs les professeurs, que ces pensées nous sont communes par la douce expérience que j'ai de notre entente quotidienne, comme j'ai foi que cette conception de l'enseignement supérieur catholique, au milieu des difficultés de l'heure présente, est celle qui a le plus de promesses d'avenir.

TABLE DES MATIÈRES

Notice historique.................................... 5
Conseil... 10
Personnel... 11
Enseignement.. 15
Grades canoniques................................... 24
Bourses d'études, communauté........................ 35
Service divin....................................... 37
Archives, bibliothèque.............................. 38
Laboratoires.. 40
Séminaire historique................................ 44
Langues sémitiques.................................. 47
Bulletin.. 48
Conférences, cours publics.......................... 49
Office régional de l'enseignement................... 52
Œuvres d'études et d'étudiants...................... 54
But de l'Institut................................... 61

Toulouse - Imp. Douladoure-Privat - 8921

www.ingramcontent.com/pod-product-compliance
Lightning Source LLC
LaVergne TN
LVHW050623090426
835512LV00008B/1635